백팔참회문

일장 석혜능 엮음

하늘북

날마다 자신의 허물을 뉘우쳐 고치면
언젠가는 죄의 뿌리는 아주 뽑혀지리라

　만 가지 덕이 구유되어 있는 청정한 마음 바탕에 한 번의 번뇌의 충동으로 큰 착오가 생기면 그로 인해 심각한 상처가 남게 되고, 그 상처는 우리의 삶과 수행에 큰 장애가 되어 마음의 평정을 잃게 하고 지혜를 일으킬 수 없게 합니다.
　계를 지키는 일은 거친 심리상태나 마음의 상처를 조복하고 치유하는 일이기도 합니다. 어떠한 기교나 노력으로 다소간의 평정이나 지혜가 생긴 듯해도, 엄격하게 계율의 청정행을 닦는 맑은 삶이 바탕되지 않고서는, 그것은 삿된 정[邪定]이고 나쁜 지혜[惡慧]일 뿐이라고 하였습니다.
　그러한 邪定과 惡慧로는 죄악업이 소멸될 수 없을 뿐만 아니라 번뇌가 멸진된 지복의 상태인 니르바나는 성취되지 않는다고 하였습니다.
　율장에서는 '죄가 있으면 참회하라. 참회하면 청정하고 편안해 지느니라.'고 합니다.
　율장에서 참회하는 제도 중에는 승가 대중 앞에서 자신의 허물을 드러내어 고백하고 승단이 규정한 처벌을 받는 것도 있습니다. 진실하고 통절하게 참회를 하게 되면, 곧 청정을 회복하게 되는 것입니다.
　마치 병 속에 독이 있으면 먼저 독물을 제거하고 깨끗이 씻은 후에 비로소 깨끗한 물건을 넣을 수 있는 것과 같습니다.
　그러므로 오직 여법한 참회에 의해서만 持律淸淨할 수 있고, 마침내는 불순한 동기가 계율에 합치될 수 있게 되는 것입니다.

　이와 같이 계를 지키는 일과 참회를 하는 것은 밀접한 관계가 있습니다.

　사실 계율의 궤칙은 개인에 있지 않고 대중에 있으며, 범하지 않는 것 - 사실상 매일 범하지 않을 수 없다. - 에 있는 것이 아니라 범한 것을 참회하여 청정하게 하는 것에 있다고 할 수 있습니다.

　불교의 이러한 정신에 따라 스스로 부끄러워 하는 마음[慚愧心]으로 자신의 죄악업을 드러내어 고백하고, 감히 덮어두지 않으며, 그러한 어둡고 탁한 행위를 감히 다시 짓지 않는다면, 자신의 몸과 마음이 청정해져서 위없는 해탈 열반의 法味를 받들 수 있게 되는 것입니다.

　《증일아함경》 제51에 이렇게 말씀하셨습니다.

　　지혜로운 사람이라면
　　은혜로 보시하여 성현의 칭찬을 받나니
　　깨끗한 마음으로 교만하지 말라.

　　의사가 온갖 약을 써도 죽음을 막을 수 없고
　　친척들이 몰려와 재물 둔 곳을 물어도
　　듣지도 말할 수도 없느니라.

　　사람이 죽어 무덤으로 돌아갈 때는
　　재물과 친족은 흩어지고

*자신이 살아서 닦은 업만이 남나니
부디 선행을 쌓을지어다.*

*아무리 큰 죄를 지었더라도
참회하고 뉘우치면 허물은 엷어져서
악의 근본은 사라지느니라.*

*자신이 지은 악업을 벗어나게 할 사람은
부모도 아니요, 형제도 아니며
권력이나 재물도 아니니라.*

사람이 악행을 지었더라도 허물을 뉘우치고 참회하면 죄는 차차 엷어지나니, 날마다 자신의 허물을 뉘우쳐 고치면 언젠가는 죄의 뿌리는 아주 뽑혀지리라고 하였습니다.

예경과 참회로 악업을 정화하고 보리심과 행원으로 우리의 삶을 맑고 향기롭게 장엄하고자 108예불참회문에 지암일원(동봉) 스님이 아름답게 우리말로 옮긴 것을 첨부하였습니다.

예경 찬탄과 참회 발원으로 하얀 연꽃처럼 맑고 고요하고 거룩한 삶 되시기를 축원 드리며, 향 사루고 두 손 모읍니다.

법보종찰 해인사 해인총림율원장

일장 **석 혜 능** 합장

목 차

예불문   9
반야심경   15
삼귀의   18
오계   21
백팔참회문   27
법화경약찬게   73
자비관   93
자비발원   96

예불문 (七頂禮)
禮佛文

○ **다게** 茶偈　　〈아침에 예불을 올릴 때〉

아금청정수 我今淸淨水　　**변위감로다** 變爲甘露茶

봉헌삼보전 奉獻三寶前　　**원수애납수** 願垂哀納受

○ **오분향** 五分香　　〈저녁에 예불을 올릴 때〉

계향 戒香　　**정향** 定香　　**혜향** 慧香　　**해탈향** 解脫香　　**해탈지견향** 解脫知見香

광명운대 光明雲臺　　**주변법계** 周遍法界　　**공양시방** 供養十方　　**무량불법승** 無量佛法僧

○ **헌향진언** 獻香眞言

『옴 바아라 도비야 훔』 (세번)

지심귀명례 　삼계대도사 사생자부
至心歸命禮 　三界大導師 四生慈父

　　　　　　시아본사 석가모니불
　　　　　　是我本師 釋迦牟尼佛

지심귀명례 　시방삼세 제망찰해
至心歸命禮 　十方三世 帝網刹海

　　　　　　상주일체 불타야중
　　　　　　常住一切 佛陀耶衆

지심귀명례 　시방삼세 제망찰해
至心歸命禮 　十方三世 帝網刹海

　　　　　　상주일체 달마야중
　　　　　　常住一切 達磨耶衆

지심귀명례 　대지 문수사리보살 대행 보현보살
至心歸命禮 　大智 文殊師利菩薩 大行 普賢菩薩

　　　　　　대비 관세음보살 대원본존
　　　　　　大悲 觀世音菩薩 大願本尊

　　　　　　지장보살 마하살
　　　　　　地藏菩薩 摩訶薩

지심귀명례 　영산당시 수불부촉 십대제자
至心歸命禮 　靈山當時 受佛付囑 十大弟子

　　　　　　십육성 오백성 독수성 내지 천이백
　　　　　　十六聖 五百聖 獨修聖 乃至 千二百

　　　　　　제대아라한 무량자비성중
　　　　　　諸大阿羅漢 無量慈悲聖衆

지심귀명례 　　서건동진 급아해동 역대전등
至心歸命禮 　　西乾東震　及我海東　歷代傳燈

　　　　　　　　제대조사 천하종사 일체미진수
　　　　　　　　諸大祖師　天下宗師　一切微塵數

　　　　　　　　제대선지식
　　　　　　　　諸大善知識

지심귀명례 　　시방삼세 제망찰해
至心歸命禮 　　十方三世　帝網刹海

　　　　　　　　상주일체 승가야중
　　　　　　　　常住一切　僧伽耶衆

유원 무진삼보 대자대비 수아정례 명훈가피력
唯願　無盡三寶　大慈大悲　受我頂禮　冥熏加被力

원공법계제중생 자타일시성불도
願共法界諸衆生　自他一時成佛道

○ 사홍서원　　〈네 가지 큰 서원〉
　　四弘誓願

　　　중생무변서원도
　　　衆生無邊誓願度

　　　번뇌무진서원단
　　　煩惱無盡誓願斷

　　　법문무량서원학
　　　法門無量誓願學

　　　불도무상서원성
　　　佛道無上誓願成

예불문 [七頂禮]

【다게】

청정수를 길어다가　　　　감로다로 만들어서
삼보전에 올리오니　　　　자비로써 받으소서

【오분향례】

계율선정 지혜향과　　　　해탈향과 지견향의
광명구름 무리지어　　　　온법계에 두루하매
시방세계 한량없는　　　　삼보님께 공양하고
헌향진언 외우오니　　　　옴바아라 도비야훔

욕계색계 무색계의　　　　자상하신 길잡이며
태란습화 모든생명　　　　자애로운 어버이로
사바세계 교주이신　　　　저희들의 크신스승
석가모니 부처님께　　　　귀명정례 하나이다

시방삼세 어디에나　　　　항상계신 부처님께
이한생명 다바쳐서　　　　귀명정례 하나이다

시방삼세 어디에나 항상계신 가르침에
이한생명 다바쳐서 귀명정례 하나이다

크신지혜 문수사리 크신행원 보현보살
크신자비 관음보살 크신원력 지장보살
이들사대 보살님과 거룩하신 마하살께
이한생명 다바쳐서 귀명정례 하나이다

부처님법 부촉받은 십대제자 십육성자
오백성자 독수성자 일천이백 아라한등
밤하늘의 별들처럼 한량없는 자비성중
이한생명 다바쳐서 귀명정례 하나이다

인도에서 중국으로 우리나라 이르도록
역대전등 제대조사 천하종사 선지식들
먼지처럼 셀수없는 거룩하신 큰스님께
이한생명 다바쳐서 귀명정례 하나이다

시방삼세 어디에나 항상계신 스님들께
이한생명 다바쳐서 귀명정례 하나이다

다함없는 삼보자존　크나크신 자비로서
저희정성 받으시고　명훈가피 하옵소서
다만오직 바라오니　법계모든 중생들이
너나우리 한꺼번에　같이성불 하사이다

【四弘誓願】
사홍서원

중생을 다 건지오리다

번뇌를 다 끊으오리다

법문을 다 배우오리다

불도를 다 이루오리다

마하반야바라밀다심경
摩訶般若波羅蜜多心經

관자재보살 행심반야바라밀다시 조견오온개공 도일
觀自在菩薩 行深般若波羅蜜多時 照見五蘊皆空 度一

체고액 사리자 색불이공 공불이색 색즉시공 공즉시색
切苦厄 舍利子 色不異空 空不異色 色卽是空 空卽是色

수상행식 역부여시 사리자 시제법공상 불생불멸 불구
受想行識 亦復如是 舍利子 是諸法空相 不生不滅 不垢

부정 부증불감시고 공중무색 무수상행식 무안이비설
不淨 不增不減是故 空中無色 無受想行識 無眼耳鼻舌

신의 무색성향미촉법 무안계 내지 무의식계 무무명
身意 無色聲香味觸法 無眼界 乃至 無意識界 無無明

역 무무명진내지 무노사 역무노사진 무고집멸도 무지
亦 無無明盡乃至 無老死 亦無老死盡 無苦集滅道 無智

역무득 이무소득고 보리살타 의반야바라밀다고 심무
亦無得 以無所得故 菩提薩埵 依般若波羅蜜多故 心無

가애 무가애고 무유공포 원리전도몽상 구경열반 삼세
罣碍 無罣碍故 無有恐怖 遠離顚倒夢想 究竟涅槃 三世

제불 의반야바라밀다고 득아뇩다라삼먁삼보리 고지
諸佛 依般若波羅蜜多故 得阿耨多羅三藐三菩提 故知

반야바라밀다 시대신주 시대명주 시무상주 시무등등
般若波羅蜜多 是大神呪 是大明呪 是無上呪 是無等等

주능제일체고 진실불허 고설반야바라밀다주 즉설주왈
呪能除一切苦 眞實不虛 故說般若波羅蜜多呪 卽說呪曰

『아제 아제 바라아제 바라승아제 모지 사바하』
揭諦揭諦 波羅揭諦 波羅僧揭諦 菩提娑婆訶

반야심경

관자재보살이 깊은 반야바라밀다를 수행할 때에 오온이 모두 빈 것으로 비추어 보고 온갖 괴로움과 재앙을 없애니라.

샤-리푸트라여, 물질이 진공(空; 眞空. 性空)과 다르지 않고, 진공(眞空)이 물질과 다르지 않으며, 물질이 곧 진공이고 진공이 곧 물질이며, 느낌·생각·흘러감·인식도 역시 그러하니라.

샤-리푸트라여, 이 모든 법의 공한 실상은 나지도 않고 없어지지도 않으며, 더럽지도 않고 깨끗하지도 않으며, 더하지 않고 줄지도 않느니라.

그러므로 진공 가운데에는 물질이 없고 느낌·생각·흘러감·인식이 없으며, 눈·귀·코·혀·몸·뜻이 없고, 빛·소리·냄새·맛·닿음·법이 없으며, 눈의 경계도 없고 내지 의식의 경계도 없으며, 무명이 없고 또한 무명이 다함도 없으며, 내지 늙어 죽음이 없고 또한 늙어 죽음이 다함도 없으며, 괴로움과 괴로움의 원인과 괴로움을 없앰과 괴로움을 없애는 길도 없으며, 지혜도 없고 또한 얻음도 없느니라.

얻을 것이 없기 때문에 보리살타가 반야바라밀다에 의지하므로 마음이 걸림이 없고 걸림이 없으므로 공포가 없어서 뒤바뀐 꿈 생각을 아주 떠나 완전한 열반을 얻으며, 삼세의 여러 부처님도 반야바라밀다에 의지하므로 아뇩다라삼먁삼보리를 얻느니라.

그러므로 반야바라밀다는 가장 신비한 주문이며, 가장 밝은 주문이며, 가장 높은 주문이며, 아무것도 견줄 수 없는 주문으로 알아야 할 것이니, 온갖 괴로움을 잘 없애고 진실하여 허망하지 않느니라.

그러므로 반야바라밀다주문을 말하노니, 주문은 곧 이러하니라.

『아제아제 바라아제 바라승아제 모지 사바하』(세번)

□ 삼보에 대한 귀의(tisarana)

삼귀의 三歸依

○ 귀의불 歸依佛

- 거룩하신 부처님께 귀의합니다
  buddhaṁ saraṇaṁ gacchāmi
- 성스러운 부처님께 귀의합니다
  dutiyaṁpi buddhaṁ saraṇaṁ gacchāmi
- 원만하신 부처님께 귀의합니다
  tatiyaṁpi buddhaṁ saraṇaṁ gacchāmi

삶의 길을 보여 주신 부처님께 귀의합니다
부처님은 저를 구경 해탈로 이끌어 주시는 도사導師이십니다.

청정하신 부처님 대자비는 큰 바다와 같으시고,
지니신 지혜의 눈은 완전히 맑으시며,
이 세상의 모든 불선업과 번뇌를 파괴하시는 분,
저는 진실로 신심내어 부처님을 존경하나이다.

마음을 부처님[佛]께 돌이켜 의지하며,
거짓되고 어두운 생각을 내지 않고 욕망을 떠나겠습니다.

○ 귀의법 歸依法

- 거룩하신 가르침에 귀의합니다
  dhammaṁ saraṇaṁ gacchāmi
- 성스러운 가르침에 귀의합니다
  dutiyampi dhammaṁ saraṇaṁ gacchāmi
- 원만하신 가르침에 귀의합니다
  tatiyampi dhammaṁ saraṇaṁ gacchāmi

이해와 사랑의 길인 부처님 가르침에 귀의합니다
담마[법]는 자비와 지혜로 향하여 나아가게 하는 이정표이십니다.

부처님의 가르침은 마치 횃불과 같아,
수행과 그 결과에 대한 차별을 잘 밝히셨고,
죽음을 초월하는 진리는 이 세상 밖까지 비추었으니,
저는 진실로 신심내어 담마(법)를 존경하나이다.

마음을 올곧음[法]에 돌이켜 의지하며,
그릇된 것을 버리고 남과 나를 가르는 일과
탐욕과 애욕에 빠지지 않겠습니다.

○ 귀의승 歸依僧

- 거룩하신 승가에 귀의합니다
  saṅghaṁ saraṇaṁ gacchāmi
- 성스러운 승가에 귀의합니다
  dutiyampi saṅghaṁ saraṇaṁ gacchāmi
- 원만하신 승가에 귀의합니다
  tatiyampi saṅghaṁ saraṇaṁ gacchāmi

조화와 깨어 있음 속에 살아가시는 스님께 귀의합니다
승가는 청정하게 화합하시며 정법이 오래 머물게 하는 모범이십니다.

상가는 무엇과도 비교할 수 없는 복의 밭이며,
부처님 뒤를 이어 깨달으신 분을 뵈오면 평온하네,
집착을 파괴해 버린 지혜로운 성자들,
저는 진실로 신심 내어 상가를 존경하나이다.

마음을 청정[僧]에 돌이켜 의지하며,
온갖 더러움에 물들지 않겠습니다.

부처님과 담마(법), 상가는 진실로 존경할 가치가 있으니
마땅히 으뜸가는 예경을 올려야하며,
또한 저의 이 같은 예경 공덕에 의해서
모든 장애는 제거되어 성취의 힘 있어지이다.

□ 다섯 가지 계행(pañca-sīla)

오 계 五戒

저는 다섯 가지 계행을 지키겠습니다
aham pañcasīlam samādiyami

첫째, 불살생 不殺生

살아있는 생명을 해치지 않는 계행을 지키겠습니다
pāṇātipātā veramaṇī sikkhāpadam samādiyami

생명을 파괴함으로써 오는 고통을 깨닫고
자비를 길러 사람, 동물, 식물,
광물의 생명을 보호하는 방법을 배울 것을 서원합니다.

나는 다른 생명을 죽이지 않을 것이며,
다른 이가 생명을 죽이도록 허용하지 않을 것이며,
이 세상과 내 사고와 삶에서
어떤 살생의 행위도 용서하지 않기로
굳게 결심합니다.

둘째, 불투도 不偸盜

주지 않는 것을 빼앗지 않는 계행을 지키겠습니다
adinnādānā veramaṇī sikkhāpadaṁ samādiyāmi

착취, 사회적 비리, 훔치기,
박해로 인해 생기는 고통을 인지하고
나는 사랑의 마음을 길러 모든 사람,
동물, 식물, 광물의 건강을 위해 일하는 방법을 배우기로
서원합니다.

내가 가진 시간과 에너지,
물질을 진정 그를 필요로 하는 사람과
나누는 후한 덕을 수행하기로 서원합니다.

나는 훔치지 않을 것이며
다른 사람 것을 소유하지 않기로 서원합니다.

다른 이의 소유물을 존중하며
사람들이 인간의 고통이나
지구상의 다른 동물의 고통을 이용해
이득을 얻는 것을 막을 것입니다.

셋째, 불사음 不邪淫

사랑을 나눔에 잘못된 행동을 하지 않는 계행을 지키겠습니다
kāmesu micchācārā veramaṇī sikkhāpadaṁ samādiyāmi

성적으로 잘못된 행동이 야기하는 고통을 인지하고
책임감을 길러 각 개인, 부부, 가족,
사회의 순결성과 안전을 보호하는
방법을 배울 것을 서원합니다.

사랑과 책임감 없이는
성행위를 하지 않을 것을 서원합니다.

나와 남의 행복을 지키기 위해
사람에 대한 나의 책임과
다른 이의 책임을 존중할 것을 서원합니다.

온 힘을 다해 아이들을 성적 학대에서
지킬 것을 서원하며,
부부와 가족이 성적 방종으로
헤어지는 것을 막는 데 최선을 다할 것을 서원합니다.

넷째, 불망어 不妄語

어리석은 거짓말을 하지 않는 계행을 지키겠습니다
musāvadā veramaṇī sikkhāpadaṁ samādiyāmi

부주의한 말과 남의 말을 듣지 않는 것 때문에
야기되는 고통을 인지하고, 사랑스런 말을 하고
남의 말을 새겨들을 수 있는 능력을 길러,
다른 이에게 기쁨과 행복을 가져다주고,
다른 이의 고통을 없애 주기를 서원합니다.

말이 행복과 고통을 만든다는 것을 알고
진실하게 말하기를 배우고 자신감과 기쁨,
희망을 일으키는 말을 쓸 것을 서원합니다.

내가 확실하게 알고 있는 이야기가 아니면
퍼뜨리지 않을 것이며, 잘 모르는 일을 비난하거나
저주하지 않을 것입니다.
분열과 불화를 야기하는 말을 삼갈 것이며,
가족과 지역공동체가 깨어지는 것을 야기하는 말도
하지 않을 것을 서원합니다.

아무리 작은 갈등이라 할지라도 모든 갈등을 다 해결하고 화해하기 위해 최선의 노력을 다할 것을 서원합니다.

다섯째, 불음주 不飮酒

곡주나 과일주 등 취기있는 것에 취하지 않는 계행을 지키겠습니다
surā-meraya-majja pamādaṭṭhānā veramaṇī sikkhāpadaṁ samādiyāmi.

깨어 있지 못한 소비로 인한 고통을 인지하고
깨어 있는 먹기, 마시기, 소비를 수행하여
나와 내 가족과 우리 사회를 위해
육체적·정신적 건강을 향상시킬 것을 서원합니다.

내 몸과 의식에 또 내 가족과 우리 사회의 육체와 의식에
평화와 건강, 기쁨을 유지하는 것만 섭취할 것을 서원합니다.

술이나 마약 등을 사용하지 않을 것을,
독물질을 포함한 음식을 섭취하지 않을 것을,
일부 텔레비전 프로그램, 잡지, 책, 영화처럼
독성이 있는 것을 보지 않을 것을 서원합니다.

이런 독으로 내 몸과 의식을 해하는 것은 내 조상과
부모와 사회와 미래 세대를 배신하는 것임을 알고 있습니다.
나와 사회를 위한 음식 섭취를 수행함으로써
내 안과 사회에 있는 폭력, 두려움, 분노,
혼돈을 변화시키기 위해 열심히 노력할 것입니다.
자아가 변화하고 사회가 변하는 데 있어 알맞은
음식 섭취는 필수적이라는 것을 이해합니다.

백팔참회문

백팔참회문
百八懺悔文

1.
대자대비민중생　　　대희대사제함식
大慈大悲愍衆生　　　大喜大捨濟含識

상호광명이자엄　　　중등지심귀명례　(拜)
相好光明以自嚴　　　衆等至心歸命禮

2.
지심귀명례　　　금강상사　(拜)
至心歸命禮　　　金剛上師

3.
귀의불　　　귀의법　　　귀의승　(拜)
歸依佛　　　歸依法　　　歸依僧

4.
아금발심　불위자구인천복보　성문연각　내지권승
我今發心　不爲自求人天福報　聲聞緣覺　乃至權乘

제위보살　유의최상승　발보리심　원여법계중생
諸位菩薩　唯依最上乘　發菩提心　願與法界衆生

일시동득 아뇩다라삼먁삼보리　(拜)
一時同得 阿耨多羅三藐三菩提

5.
지심귀명례　　　시방　진허공계　일체제불　(拜)
至心歸命禮　　　十方　盡虛空界　一切諸佛

6. 지심귀명례   시방 진허공계 일체존법 (拜)
    至心歸命禮   十方 盡虛空界 一切尊法

7. 지심귀명례   시방 진허공계 일체현성승 (拜)
    至心歸命禮   十方 盡虛空界 一切賢聖僧

8. 지심귀명례   여래 응공 정변지 명행족
    至心歸命禮   如來 應供 正徧知 明行足

                       선서 세간해 무상사 조어장부
                       善逝 世間解 無上士 調御丈夫

                       천인사 불 세존 (拜)
                       天人師 佛 世尊

9. 지심귀명례   보광불 (拜)
    至心歸命禮   普光佛

10. 지심귀명례   보명불 (拜)
     至心歸命禮   普明佛

11. 지심귀명례   보정불 (拜)
     至心歸命禮   普淨佛

12. 지심귀명례   다마라발전단향불 (拜)
     至心歸命禮   多摩羅跋旃檀香佛

13. 지심귀명례   전단광불 (拜)
     至心歸命禮   旃檀光佛

14. 지심귀명례　　마니당불　(拜)
　　至心歸命禮　　摩尼幢佛

15. 지심귀명례　　환희장마니보적불　(拜)
　　至心歸命禮　　歡喜藏摩尼寶積佛

16. 지심귀명례　　일체세간락견상대정진불　(拜)
　　至心歸命禮　　一切世間樂見上大精進佛

17. 지심귀명례　　마니당등광불　(拜)
　　至心歸命禮　　摩尼幢燈光佛

18. 지심귀명례　　혜거조불　(拜)
　　至心歸命禮　　慧炬照佛

19. 지심귀명례　　해덕광명불　(拜)
　　至心歸命禮　　海德光明佛

20. 지심귀명례　　금강뢰강보산금광불　(拜)
　　至心歸命禮　　金剛牢強普散金光佛

21. 지심귀명례　　대강정진용맹불　(拜)
　　至心歸命禮　　大強精進勇猛佛

22. 지심귀명례　　대비광불　(拜)
　　至心歸命禮　　大悲光佛

23. 지심귀명례　　자력왕불 (拜)
　　至心歸命禮　　慈力王佛

24. 지심귀명례　　자장불 (拜)
　　至心歸命禮　　慈藏佛

25. 지심귀명례　　전단굴장엄승불 (拜)
　　至心歸命禮　　栴檀窟莊嚴勝佛

26. 지심귀명례　　현선수불 (拜)
　　至心歸命禮　　賢善首佛

27. 지심귀명례　　선의불 (拜)
　　至心歸命禮　　善意佛

28. 지심귀명례　　광장엄왕불 (拜)
　　至心歸命禮　　廣莊嚴王佛

29. 지심귀명례　　금화광불 (拜)
　　至心歸命禮　　金華光佛

30. 지심귀명례　　보개조공자재력왕불 (拜)
　　至心歸命禮　　寶蓋照空自在力王佛

31. 지심귀명례　　허공보화광불 (拜)
　　至心歸命禮　　虛空寶華光佛

32. 지심귀명례 　 유리장엄왕불 (拜)
　　至心歸命禮 　 琉璃莊嚴王佛

33. 지심귀명례 　 보현색신광불 (拜)
　　至心歸命禮 　 普現色身光佛

34. 지심귀명례 　 부동지광불 (拜)
　　至心歸命禮 　 不動智光佛

35. 지심귀명례 　 항복중마왕불 (拜)
　　至心歸命禮 　 降伏衆摩王佛

36. 지심귀명례 　 재광명불 (拜)
　　至心歸命禮 　 才光明佛

37. 지심귀명례 　 지혜승불 (拜)
　　至心歸命禮 　 智慧勝佛

38. 지심귀명례 　 미륵선광불 (拜)
　　至心歸命禮 　 彌勒仙光佛

39. 지심귀명례 　 선적월음묘존지왕불 (拜)
　　至心歸命禮 　 善寂月音妙尊智王佛

40. 지심귀명례 　 세정광불 (拜)
　　至心歸命禮 　 世淨光佛

41. 지심귀명례   용종상존왕불 (拜)
    至心歸命禮   龍種上尊王佛

42. 지심귀명례   일월광불 (拜)
    至心歸命禮   日月光佛

43. 지심귀명례   일월주광불 (拜)
    至心歸命禮   日月珠光佛

44. 지심귀명례   혜당승왕불 (拜)
    至心歸命禮   慧幢勝王佛

45. 지심귀명례   사자후자재력왕불 (拜)
    至心歸命禮   師子吼自在力王佛

46. 지심귀명례   묘음승불 (拜)
    至心歸命禮   妙音勝佛

47. 지심귀명례   상광당불 (拜)
    至心歸命禮   常光幢佛

48. 지심귀명례   관세등불 (拜)
    至心歸命禮   觀世燈佛

49. 지심귀명례   혜위등왕불 (拜)
    至心歸命禮   慧威燈王佛

50. 지심귀명례   법승왕불 (拜)
    至心歸命禮   法勝王佛

51. 지심귀명례   수미광불 (拜)
    至心歸命禮   須彌光佛

52. 지심귀명례   수만나화광불 (拜)
    至心歸命禮   須曼那華光佛

53. 지심귀명례   우담발라화수승왕불 (拜)
    至心歸命禮   優曇鉢羅華殊勝王佛

54. 지심귀명례   대혜력왕불 (拜)
    至心歸命禮   大慧力王佛

55. 지심귀명례   아축비환희광불 (拜)
    至心歸命禮   阿閦毘歡喜光佛

56. 지심귀명례   무량음성왕불 (拜)
    至心歸命禮   無量音聲王佛

57. 지심귀명례   재광불 (拜)
    至心歸命禮   才光佛

58. 지심귀명례   금해광불 (拜)
    至心歸命禮   金海光佛

59. 지심귀명례　　산해혜자재통왕불　(拜)
　　至心歸命禮　　山海慧自在通王佛

60. 지심귀명례　　대통광불　(拜)
　　至心歸命禮　　大通光佛

61. 지심귀명례　　일체법상만왕불　(拜)
　　至心歸命禮　　一切法常滿王佛

62. 지심귀명례　　석가모니불　(拜)
　　至心歸命禮　　釋迦牟尼佛

63. 지심귀명례　　금강불괴불　(拜)
　　至心歸命禮　　金剛不壞佛

64. 지심귀명례　　보광불　(拜)
　　至心歸命禮　　普光佛

65. 지심귀명례　　용존왕불　(拜)
　　至心歸命禮　　龍尊王佛

66. 지심귀명례　　정진군불　(拜)
　　至心歸命禮　　精進軍佛

67. 지심귀명례　　정진희불　(拜)
　　至心歸命禮　　精進喜佛

68. 지심귀명례   보화불 (拜)
   至心歸命禮   普火佛

69. 지심귀명례   보월광불 (拜)
   至心歸命禮   普月光佛

70. 지심귀명례   현무우불 (拜)
   至心歸命禮   現無愚佛

71. 지심귀명례   보월불 (拜)
   至心歸命禮   普月佛

72. 지심귀명례   무구불 (拜)
   至心歸命禮   無垢佛

73. 지심귀명례   이구불 (拜)
   至心歸命禮   離垢佛

74. 지심귀명례   용시불 (拜)
   至心歸命禮   勇施佛

75. 지심귀명례   청정불 (拜)
   至心歸命禮   淸淨佛

76. 지심귀명례   청정시불 (拜)
   至心歸命禮   淸淨施佛

77. 지심귀명례　　사류나불　(拜)
　　 至心歸命禮　　娑留那佛

78. 지심귀명례　　수천불　(拜)
　　 至心歸命禮　　水天佛

79. 지심귀명례　　견덕불　(拜)
　　 至心歸命禮　　堅德佛

80. 지심귀명례　　전단공덕불　(拜)
　　 至心歸命禮　　栴檀功德佛

81. 지심귀명례　　무량국광불　(拜)
　　 至心歸命禮　　無量掬光佛

82. 지심귀명례　　광덕불　(拜)
　　 至心歸命禮　　光德佛

83. 지심귀명례　　무우덕불　(拜)
　　 至心歸命禮　　無憂德佛

84. 지심귀명례　　나라연불　(拜)
　　 至心歸命禮　　那羅延佛

85. 지심귀명례　　공덕화불　(拜)
　　 至心歸命禮　　功德華佛

86. 지심귀명례   연화광유희신통불 (拜)
   至心歸命禮   蓮華光遊戲神通佛

87. 지심귀명례   재공덕불 (拜)
   至心歸命禮   才功德佛

88. 지심귀명례   덕념불 (拜)
   至心歸命禮   德念佛

89. 지심귀명례   선명칭공덕불 (拜)
   至心歸命禮   善名稱功德佛

90. 지심귀명례   홍염제당왕불 (拜)
   至心歸命禮   紅燄帝幢王佛

91. 지심귀명례   선유보공덕불 (拜)
   至心歸命禮   善遊步功德佛

92. 지심귀명례   투전승불 (拜)
   至心歸命禮   鬪戰勝佛

93. 지심귀명례   선유보불 (拜)
   至心歸命禮   善遊步佛

94. 지심귀명례   주잡장엄공덕불 (拜)
   至心歸命禮   周帀莊嚴功德佛

95. 지심귀명례　　　　보화유보불　(拜)
　　　至心歸命禮　　　　寶華遊步佛

96. 지심귀명례　　　　보련화선주사라수왕불　(拜)
　　　至心歸命禮　　　　寶蓮華善住娑羅樹王佛

97. 지심귀명례　　　　법계장신아미타불　(拜)
　　　至心歸命禮　　　　法界藏身阿彌陀佛

98. 여시등　　일체세계　　제불세존　　상주재세　　시제세존
　　　如是等　　一切世界　　諸佛世尊　　常住在世　　是諸世尊

당자념아　　약아차생　　약아전생　　종무시생사이래
當慈念我　　若我此生　　若我前生　　從無始生死以來

소작중죄　　약자작　　약교타작　　견작수희　　약탑약승
所作衆罪　　若自作　　若教他作　　見作隨喜　　若塔若僧

약사방승물　　약자취　　약교타취　　견취수희　　오무간죄
若四方僧物　　若自取　　若教他取　　見取隨喜　　五無間罪

약자작　　약교타작　　견작수희　　십불선도　　약자작
若自作　　若教他作　　見作隨喜　　十不善道　　若自作

약교타작　　견작수희　　소작죄장　　혹유부장　　혹불부장
若教他作　　見作隨喜　　所作罪障　　或有覆藏　　或不覆藏

응타지옥　　아귀축생　　제여악취　　변지하천　　급멸려차
應墮地獄　　餓鬼畜生　　諸餘惡趣　　邊地下賤　　及蔑戾車

여시등처　　소작죄장　　금개참회　(拜)
如是等處　　所作罪障　　今皆懺悔

99.
금제불세존　당증지아　당억념아　아부어제불세존전
今諸佛世尊　當證知我　當憶念我　我復於諸佛世尊前

작여시언　약아차생　약아여생　증행보시　혹수정계
作如是言　若我此生　若我餘生　曾行布施　或守淨戒

내지시여축생　일단지식　혹수정행　소유선근
乃至施與畜生　一搏之食　或修淨行　所有善根

성취중생　소유선근　수행보리　소유선근　급무상지
成就衆生　所有善根　修行菩提　所有善根　及無上智

소유선근　일체합집　교계주량　개실회향　아뇩다라
所有善根　一切合集　校計籌量　皆悉廻向　阿耨多羅

삼먁삼보리　여과거미래　현재　제불　소작회향
三藐三菩提　如過去未來　現在　諸佛　所作廻向

아역여시회향　중죄개참회　제복진수희　급청불공덕
我亦如是廻向　衆罪皆懺悔　諸福盡隨喜　及請佛功德

원성무상지　거래현재불　어중생최승　무량공덕해
願成無上智　去來現在佛　於衆生最勝　無量功德海

아금귀명례　(拜)
我今歸命禮

100.
소유시방세계중　　　삼세일체인사자
所有十方世界中　　　三世一切人師子

아이청정신어의　　　일체변례진무여
我以淸淨身語意　　　一切遍禮盡無餘

보현행원위신력　　　보현일체여래전
普賢行願威神力　　　普現一切如來前

일신부현찰진신　　　일일변례찰진불　(拜)
一身復現刹塵身　　　一一遍禮刹塵佛

101.
| 어일진중진수불 | 각처보살중회중 |
| 於一塵中塵數佛 | 各處菩薩衆會中 |

무진법계진역연 　 심신제불개충만
無盡法界塵亦然 　 深信諸佛皆充滿

각이일체음성해 　 보출무진묘언사
各以一切音聲海 　 普出無盡妙言詞

진어미래일체겁 　 찬불심심공덕해 (拜)
盡於未來一切劫 　 讚佛甚深功德海

102.
이제최승묘화만 　 기악도향급산개
以諸最勝妙華鬘 　 妓樂塗香及傘蓋

여시최승장엄구 　 아이공양제여래
如是最勝莊嚴具 　 我以供養諸如來

최승의복최승향 　 말향소향여등촉
最勝衣服最勝香 　 末香燒香與燈燭

일일개여묘고취 　 아실공양제여래
一一皆如妙高聚 　 我悉供養諸如來

아이광대승해심 　 심신일체삼세불
我以廣大勝解心 　 深信一切三世佛

실이보현행원력 　 보변공양제여래 (拜)
悉以普賢行願力 　 普徧供養諸如來

103.
아석소조제악업 　 개유무시탐진치
我昔所造諸惡業 　 皆由無始貪嗔癡

종신어의지소생 　 일체아금개참회 (拜)
從身語意之所生 　 一切我今皆懺悔

104.
시방일체제중생　　　　이승유학급무학
十方一切諸衆生　　　　二乘有學及無學

일체여래여보살　　　　소유공덕개수희　(拜)
一切如來與菩薩　　　　所有功德皆隨喜

105.
시방소유세간등　　　　최초성취보리자
十方所有世間燈　　　　最初成就菩提者

아금일체개권청　　　　전어무상묘법륜　(拜)
我今一切皆勸請　　　　轉於無上妙法輪

106.
제불약욕시열반　　　　아실지성이권청
諸佛若欲示涅槃　　　　我悉至誠而勸請

유원구주찰진겁　　　　이락일체제중생　(拜)
惟願久住剎塵劫　　　　利樂一切諸衆生

107.
소유예찬공양불　　　　청불주세전법륜
所有禮讚供養佛　　　　請佛住世轉法輪

수희참회제선근　　　　회향중생급불도　(拜)
隨喜懺悔諸善根　　　　廻向衆生及佛道

108.
원장이차승공덕　　　　회향무상진법계
願將以此勝功德　　　　廻向無上眞法界

성상불법급승가　　　　이제융통삼매인
性相佛法及僧伽　　　　二諦融通三昧印

여시무량공덕해　　　　아금개실진회향
如是無量功德海　　　　我今皆悉盡廻向

소유중생신구의 　　　견혹탄방아법등
所有衆生身口意 　　　見或彈謗我法等

여시일체제업장 　　　실개소멸진무여
如是一切諸業障 　　　悉皆消滅盡無餘

염념지주어법계 　　　광도중생개불퇴
念念智周於法界 　　　廣度衆生皆不退

내지허공세계진 　　　중생급업번뇌진
乃至虛空世界盡 　　　衆生及業煩惱盡

여시사법광무변 　　　원금회향역여시　(拜)
如是四法廣無邊 　　　願今廻向亦如是

『나무대행보현보살』　(세번)
南無大行普賢菩薩

백팔참회문
百八懺悔文

【佛前告白】

크나크신 자비로써　　중생들을 사랑하고
크나크신 희사로써　　함식들을 건지시며
상과호와 광명으로　　스스로를 장엄하매
저희들이 지심으로　　귀명정례 하나이다
　　　　　　　　　　　　　【절】-001

외호하고 보살피는　　금강상사 스승님께
이한생명 다바쳐서　　귀명정례 하나이다
　　　　　　　　　　　　　【절】-002

거룩하신 부처님과　　가르침과 스님들께
이한생명 다바쳐서　　귀명정례 하나이다
　　　　　　　　　　　　　【절】-003

저희이제 마음내어　부처님께 귀의함은
인간천상 복의결과　구하지도 않거니와
성문이며 연각이며　방편승에 이르도록
평범하온 보살지위　구하는것 아니옵고

다만오직 가장높은　최상승에 의지하여
바른깨침 향한마음　발하고자 함이오니
바라건대 법계중생　모두함께 한가지로
다시없는 아뇩보리　이루도록 하옵소서

【절】-004

시방허공 온누리의　일체모든 부처님께
이한생명　다바쳐서　귀명정례 하나이다

【절】-005

시방허공 온누리의　존귀하신 가르침에
이한생명 다바쳐서　귀명정례 하나이다

【절】-006

시방허공 온누리의　　현자성자 스님들께
이한생명 다바쳐서　　귀명정례 하나이다
　　　　　　　　　　　　　【절】-007

여래시며 응공이며　　정변지며 명행족에
선서시며 세간해며　　무상사며 조어장부
천인사며 세존으로　　십호갖춘 부처님께
이한생명 다바쳐서　　귀명정례 하나이다
　　　　　　　　　　　　　【절】-008

온누리를 비추시는　　보광여래 부처님께
이한생명 다바쳐서　　귀명정례 하나이다
　　　　　　　　　　　　　【절】-009

온누리를 밝히시는　　보명여래 부처님께
이한생명 다바쳐서　　귀명정례 하나이다
　　　　　　　　　　　　　【절】-010

온누리를 맑히시는　　보정여래 부처님께
이한생명 다바쳐서　　귀명정례 하나이다
　　　　　　　　　　　　　【절】-011

신비로운 다마라발
이한생명 다바쳐서

전단향불 여래전에
귀명정례 하나이다
【절】-012

찬란하고 향기로운
이한생명 다바쳐서

전단광불 여래전에
귀명정례 하나이다
【절】-013

아름답고 값진보배
이한생명 다바쳐서

마니당불 여래전에
귀명정례 하나이다
【절】-014

기쁨가득 환희장의
이한생명 다바쳐서

마니보적 부처님께
귀명정례 하나이다
【절】-015

이세상의 세간락을
빠짐없이 누리시며
크신마음 내시어서
이한생명 다바쳐서

한결같이 다보시고
그마음을 바탕으로
정진하는 부처님께
귀명정례 하나이다
【절】-016

아름답고 값진보배　　　　마 니 당 등광불께
이한생명 다바쳐서　　　　귀명정례 하나이다
　　　　　　　　　　　　　　　【절】-017

지혜햇불 비추시는　　　　혜거조불 여래전에
이한생명 다바쳐서　　　　귀명정례 하나이다
　　　　　　　　　　　　　　　【절】-018

너른바다 포용의덕　　　　해덕광명 부처님께
이한생명 다바쳐서　　　　귀명정례 하나이다
　　　　　　　　　　　　　　　【절】-019

견고한빛 놓으시는　　　　금광여래 부처님께
이한생명 다바쳐서　　　　귀명정례 하나이다
　　　　　　　　　　　　　　　【절】-020

크고굳센 정진으로　　　　용맹스런 부처님께
이한생명 다바쳐서　　　　귀명정례 하나이다
　　　　　　　　　　　　　　　【절】-021

자비광명 비추시는　　　　대비광불 여래전에

이한생명 다바쳐서 　　귀명정례 하나이다

【절】-022

위대하신 사랑의힘 　　자력왕불 여래전에
이한생명 다바쳐서 　　귀명정례 하나이다

【절】-023

크신사랑 간직하신 　　자장여래 부처님께
이한생명 다바쳐서 　　귀명정례 하나이다

【절】-024

전단숲속 토굴장엄 　　뛰어나신 부처님께
이한생명 다바쳐서 　　귀명정례 하나이다

【절】-025

거룩하고 아름다운 　　현선수불 여래전에
이한생명 다바쳐서 　　귀명정례 하나이다

【절】-026

아름다운 마음지닌 　　선의여래 부처님께
이한생명 다바쳐서 　　귀명정례 하나이다

【절】-027

두루두루 장엄하는 　　　광장엄왕 부처님께
이한생명 다바쳐서 　　　귀명정례 하나이다
【절】-028

황금조화 빛발하는 　　　금화광불 여래전에
이한생명 다바쳐서 　　　귀명정례 하나이다
【절】-029

찬란하고 아름다운 　　　보개에서 나는빛이
허공계를 가득채워 　　　남김없이 비추시고
지혜원력 자재하사 　　　거룩하신 부처님께
이한생명 다바쳐서 　　　귀명정례 하나이다
【절】-030

허공속에 두루하신 　　　보화광불 여래전에
이한생명 다바쳐서 　　　귀명정례 하나이다
【절】-031

유리로써 장엄하온 　　　거룩하신 부처님께
이한생명 다바쳐서 　　　귀명정례 하나이다
【절】-032

시방찰해 나투시는 　　색신광불 여래전에
이한생명 다바쳐서 　　귀명정례 하나이다
【절】-033

흔들림이 없는지혜 　　부동지광 부처님께
이한생명 다바쳐서 　　귀명정례 하나이다
【절】-034

한량없는 마구니를 　　항복받는 부처님께
이한생명 다바쳐서 　　귀명정례 하나이다
【절】-035

온갖재주 뛰어나신 　　재광명불 여래전에
이한생명 다바쳐서 　　귀명정례 하나이다
【절】-036

그지혜가 출중하신 　　지혜승불 여래전에
이한생명 다바쳐서 　　귀명정례 하나이다
【절】-037

사랑으로 나투시는 　　미륵선광 부처님께

이한생명 다바쳐서 귀명정례 하나이다
【절】-038

거룩하신 선적월음 묘존지왕 부처님께
이한생명 다바쳐서 귀명정례 하나이다
【절】-039

세간오염 맑히는빛 세정광불 여래전에
이한생명 다바쳐서 귀명정례 하나이다
【절】-040

밝은미래 용종지닌 상존왕불 여래전에
이한생명 다바쳐서 귀명정례 하나이다
【절】-041

낮과밤을 비추는빛 일월광불 여래전에
이한생명 다바쳐서 귀명정례 하나이다
【절】-042

해달처럼 밝은구슬 일월주광 부처님께
이한생명 다바쳐서 귀명정례 하나이다
【절】-043

지혜깃대 뛰어나신 　　　혜당승왕 부처님께
이한생명 다바쳐서 　　　귀명정례 하나이다
【절】-044

크나크신 사자울음 　　　자재력왕 부처님께
이한생명 다바쳐서 　　　귀명정례 하나이다
【절】-045

묘한음성 뛰어나신 　　　묘음승불 여래전에
이한생명 다바쳐서 　　　귀명정례 하나이다
【절】-046

영원하신 광명깃대 　　　상광당불 여래전에
이한생명 다바쳐서 　　　귀명정례 하나이다
【절】-047

중생세간 관하시는 　　　관세등불 여래전에
이한생명 다바쳐서 　　　귀명정례 하나이다
【절】-048

지혜위엄 거룩한등 　　　혜위등왕 부처님께

이한생명 다바쳐서　　　　귀명정례 하나이다
【절】-049

깨치신법 뛰어나신　　　　법승왕불 여래전에
이한생명 다바쳐서　　　　귀명정례 하나이다
【절】-050

수미처럼 높은광명　　　　수미광불 여래전에
이한생명 다바쳐서　　　　귀명정례 하나이다
【절】-051

수만나꽃 빛뿌리는　　　　아름다운 부처님께
이한생명 다바쳐서　　　　귀명정례 하나이다
【절】-052

우담바라 수승한꽃　　　　피우시는 부처님께
이한생명 다바쳐서　　　　귀명정례 하나이다
【절】-053

크신지혜 왕성한힘　　　　대혜력왕 부처님께

이한생명 다바쳐서 　　　귀명정례 하나이다
【절】-054

눈이부신 아촉비의 　　　환희광불 여래전에
이한생명 다바쳐서 　　　귀명정례 하나이다
【절】-055

자비희사 사무량심 　　　음성지닌 부처님께
이한생명 다바쳐서 　　　귀명정례 하나이다
【절】-056

중생에게 기쁨주는 　　　재광여래 부처님께
이한생명 다바쳐서 　　　귀명정례 하나이다
【절】-057

고귀하고 풍요로운 　　　금해광불 여래전에
이한생명 다바쳐서 　　　귀명정례 하나이다
【절】-058

산해같은 지혜지닌 　　　자재통왕 부처님께
이한생명 다바쳐서 　　　귀명정례 하나이다
【절】-059

가장밝은 빛의여래   대통광불 여래전에
이한생명 다바쳐서   귀명정례 하나이다
【절】-060

일체법에 언제든지   충만하신 부처님께
이한생명 다바쳐서   귀명정례 하나이다
【절】-061

삼계도사 사생자부   석가모니 부처님께
이한생명 다바쳐서   귀명정례 하나이다
【절】-062

무너짐이 없으신분   금강불괴 부처님께
이한생명 다바쳐서   귀명정례 하나이다
【절】-063

보배광명 장엄하신   보광여래 부처님께
이한생명 다바쳐서   귀명정례 하나이다
【절】-064

용왕들이 존경하는   용존왕불 여래전에

이한생명 다바쳐서　　　귀명정례 하나이다
【절】-065

정진으로 군을삼는　　　정진군불 여래전에
이한생명 다바쳐서　　　귀명정례 하나이다
【절】-066

정진으로 기쁨삼는　　　정진희불 여래전에
이한생명 다바쳐서　　　귀명정례 하나이다
【절】-067

보배불꽃 찬란하신　　　보화여래 부처님께
이한생명 다바쳐서　　　귀명정례 하나이다
【절】-068

보배달빛 뿌리시는　　　보월광불 여래전에
이한생명 다바쳐서　　　귀명정례 하나이다
【절】-069

슬기로움 나투시는　　　현무우불 여래전에
이한생명 다바쳐서　　　귀명정례 하나이다
【절】-070

삼천세계 비추시는   보월여래 부처님께
이한생명 다바쳐서   귀명정례 하나이다
【절】-071

본래부터 청정하신   무구여래 부처님께
이한생명 다바쳐서   귀명정례 하나이다
【절】-072

바야흐로 때를여읜   이구여래 부처님께
이한생명 다바쳐서   귀명정례 하나이다
【절】-073

과감하게 베푸시는   용시여래 부처님께
이한생명 다바쳐서   귀명정례 하나이다
【절】-074

삼륜공적 맑고맑은   청정여래 부처님께
이한생명 다바쳐서   귀명정례 하나이다
【절】-075

삼륜청정 베푸시는   청정시불 여래전에

이한생명 다바쳐서 귀명정례 하나이다
【절】-076

일체장애 없애시는 사류나불 여래전에
이한생명 다바쳐서 귀명정례 하나이다
【절】-077

용의몸을 나투시는 수천여래 부처님께
이한생명 다바쳐서 귀명정례 하나이다
【절】-078

굳센의지 넉넉한덕 견덕여래 부처님께
이한생명 다바쳐서 귀명정례 하나이다
【절】-079

우두명향 풍기시는 전단공덕 부처님께
이한생명 다바쳐서 귀명정례 하나이다
【절】-080

무량무변 빛을잡는 무량국광 부처님께
이한생명 다바쳐서 귀명정례 하나이다
【절】-081

빛과덕을 베푸시는　　　광덕여래 부처님께
이한생명 다바쳐서　　　귀명정례 하나이다
　　　　　　　　　　　　　　　　【절】-082

편안함을 베푸시는　　　무우덕불 여래전에
이한생명 다바쳐서　　　귀명정례 하나이다
　　　　　　　　　　　　　　　　【절】-083

견고한몸 지니오신　　　나라연불 여래전에
이한생명 다바쳐서　　　귀명정례 하나이다
　　　　　　　　　　　　　　　　【절】-084

공덕꽃을 피우시는　　　공덕화불 여래전에
이한생명 다바쳐서　　　귀명정례 하나이다
　　　　　　　　　　　　　　　　【절】-085

연꽃광명 유희하사　　　신통하신 부처님께
이한생명 다바쳐서　　　귀명정례 하나이다
　　　　　　　　　　　　　　　　【절】-086

재주있고 공덕있는　　　재공덕불 여래전에

이한생명 다바쳐서　　　귀명정례 하나이다
【절】-087

염불염법 염승의덕　　　덕념여래 부처님께
이한생명 다바쳐서　　　귀명정례 하나이다
【절】-088

좋은이름 크신공덕　　　칭송하는 부처님께
이한생명 다바쳐서　　　귀명정례 하나이다
【절】-089

타오르는 불꽃깃대　　　홍염제당 부처님께
이한생명 다바쳐서　　　귀명정례 하나이다
【절】-090

공덕세계 산책하길　　　즐기시는 부처님께
이한생명 다바쳐서　　　귀명정례 하나이다
【절】-091

싸움에서 승리하신　　　투전승불 여래전에
이한생명 다바쳐서　　　귀명정례 하나이다
【절】-092

걷는중에 맘비우는　　　선유보불 여래전에
이한생명 다바쳐서　　　귀명정례 하나이다
　　　　　　　　　　　　　　　　【절】-093

주변세계 공덕으로　　　장엄하신 부처님께
이한생명 다바쳐서　　　귀명정례 하나이다
　　　　　　　　　　　　　　　　【절】-094

보배꽃길 거니시는　　　보화유보 부처님께
이한생명 다바쳐서　　　귀명정례 하나이다
　　　　　　　　　　　　　　　　【절】-095

보배연꽃 잘계시는　　　사라수왕 부처님께
이한생명 다바쳐서　　　귀명정례 하나이다
　　　　　　　　　　　　　　　　【절】-096

자마금색 법계장신　　　아미타불 여래전에
이한생명 다바쳐서　　　귀명정례 하나이다
　　　　　　　　　　　　　　　　【절】-097

【懺悔發願】

위로부터 지금까지　　　이와같은 일체세계
모든여래 세존께서　　　세간항상 머무시어
자비로운 마음으로　　　저희들을 보살피사
바른길로 나아가게　　　가호하여 주옵소서

저희들이 이생에서　　　혹은다시 전생에서
알수없는 과거부터　　　생사윤회 돌고돌며
지어온바 온갖중죄　　　스스로도 지었으나
다른이로 짓게하고　　　그걸보고 좋아하며

불탑이나 스님네나　　　사방승가 승물이나
눈에띄고 띄는대로　　　스스로도 훔쳤지만
다른이로 훔치도록　　　교묘하게 가르치고
그걸보고 좋아하는　　　무거운죄 지었으며

오무간에 떨어질죄　　　스스로도 지었지만

다른이로 짓게하고　　　그걸보고 좋아하며
십불선의 악도법도　　　스스로도 지었으나
다른이로 짓게하고　　　그걸보고 좋아하고

그와같이 지금까지　　　지은죄와 장애들이
어떤것은 덮혀있고　　　어떤것은 가려있고
어떤것은 확연하게　　　드러나도 보이지만
지옥아귀 축생이며　　　나머지의 모든악취

변두리나 노예거나　　　불가촉의 천민이나
필경에는 그런곳에　　　떨어져갈 지은죄를
어느것도 남김없이　　　일체모두 털어놓고
부처님께 엎드려서　　　지성참회 하나이다

【절】-098

오늘여기 자리하신　　　모든여래 세존께선
저에대해 아시옵고　　　저를기억 하시오니
제가다시 모든여래　　　세존앞에 나아가서

이와같이 아뢰오니　　　굽어살펴 주옵소서

이생이나　전생이나　　그나머지 다른생에
보시공덕 지었거나　　　깨끗한계 지녔거나
축생에게 한조각의　　　먹이준일 이르도록
청정한행 닦고익힌　　　선근공덕 이라든가

중생들을 성취시킨　　　선근공덕 이라든가
무상보리 닦고행한　　　선근공덕 이라든가
다시없는 큰지혜의　　　선근공덕 이라든가
그모두를 함께모아　　　헤아리고 헤아려서

무상정등 정각에로　　　남김없이 회향하되
과거미래 현재세의　　　한량없는 부처님이
당신께서 지으신바　　　온갖공덕 회향하듯
저도또한 그와같이　　　낱낱회향 하오리다

무거운죄 하나하나　　　한결같이 참회하고

모든복덕 남김없이　　함께따라 기뻐하며
이와다못 부처님께　　권청하온 공덕으로
무상지혜 이루기를　　지성발원 하나이다

과거현재 미래제의　　한량없는 부처님은
사바고해 중생에게　　다시없이 훌륭하고
가이없고 한량없는　　공덕바다 이시오매
이한생명 다바쳐서　　귀명정례 하나이다

【절】-099

동서남북 사유상하　　모든세계 그가운데
과거현재 미래세에　　상주하는 부처님들
제가이제 맑고맑은　　몸과말과 뜻기울여
빠짐없이 남김없이　　두루두루 예경하되

보현보살 행원력과　　위신력을 바탕으로
널리일체 여래전에　　두루몸을 나타내며
한몸으로 찰진수의　　몸을다시 나투어서

찰진수의 부처님께   모두예경 하오리다
                        【절】-100

한티끌속 그가운데   티끌수의 부처님이
곳곳마다 많은보살   모임중에 계시오되
다함없는 법계중의   낱낱티끌 그와같이
부처님이 어디에나   충만하심 깊이믿고

그분들의 장중하신   일체음성 바다로써
다함없는 묘한말씀   두루두루 구사하여
다가오는 미래세상   일체겁이 다하도록
부처님의 공덕바다   깊이찬탄 하오리다
                        【절】-101

아름답기 으뜸가는   한량없는 꽃타래와
좋은재주 좋은음악   좋은향수 좋은일산
이와같은 가장좋은   장엄스런 공양구로
시방삼세 부처님께   제가이제 공양하며
으뜸가는 좋은의복   으뜸가는 좋은향에

가루향과 사르는향 　　등불이며 촛불까지
그들낱낱 모든것을 　　수미처럼 많이모아
일체여래 부처님께 　　제가모두 공양하리

제가이제 넓고크고 　　수승하온 마음으로
과거현재 미래제의 　　부처님을 깊이믿고
제가이제 보현보살 　　행원력을 바탕으로
모든여래 빠짐없이 　　두루공양 하오리다
　　　　　　　　　　　　　　【절】-102

아득하온 과거부터 　　저질러온 모든악업
크든작든 그원인은 　　탐진치로 말미암아
몸과입과 마음따라 　　무명으로 지었기에
저희지금 모든죄장 　　참회하고 비나이다
　　　　　　　　　　　　　　【절】-103

시방세계 존재하는 　　여러종류 모든중생
성문이며 연각이며 　　유학무학 여러이승

일체모든 부처님과 　　대승보살 마하살의
소유하신 그공덕을 　　함께기뻐 하나이다
　　　　　　　　　　　　　　　【절】-104

시방세계 상주하는 　　세출세간 밝은등불
가장처음 보리도를 　　성취하신 그분에게
제가이제 지성다해 　　낱낱찾아 권하오니
위가없는 묘한법륜 　　계속하여 굴리소서
　　　　　　　　　　　　　　　【절】-105

부처님이 반열반에 　　만약들려 하신다면
제가이제 지성으로 　　권고하고 청하리니
오랫동안 찰진겁을 　　이세상에 머무시며
일체모든 중생들을 　　이익되게 하옵소서
　　　　　　　　　　　　　　　【절】-106

부처님께 예경하고 　　찬양하고 공양함과
오래도록 대법륜을 　　굴리시길 청하옴과
기뻐하고 참회하온 　　온갖선근 큰공덕을

중생들과 불도에로　　　모두회향 하오리다
　　　　　　　　　　　　　　　　【절】-107

원하노니 이와같은　　　수승하온 공덕으로
가장높은 진법계에　　　남김없이 회향하며
이성이나 현상이나　　　불법이나 승가거나
진제거나 속제거나　　　삼매인에 융통하니

이와같이 한량없고　　　가이없는 공덕바다
제가이제 그모두를　　　남김없이 회향하니
중생들이 몸과언어　　　마음으로 지은업장
잘못보고 트집잡고　　　아법등을 비방하고

이와같이 저질러온　　　일체모든 업장들이
하나하나 남김없이　　　완전하게 소멸되며
순간순간 큰지혜가　　　온법계에 두루퍼져
널리중생 제도하여　　　물러나지 않게하리

허공계가 없어지고   이세계가 없어지고
중생이며 업장이며   번뇌마져 없어짐이
넓고넓어 가이없고   영원토록 다함없듯
제가이제 회향함도   또한그와 같나이다

【절】-108

『나무대행보현보살』 (세번)
南無大行普賢菩薩

백팔참회문 끝

법화경약찬게

법화경약찬게
法華經略纂偈

일승묘법연화경
一乘妙法蓮華經

나무화장세계해
南無華藏世界海

상주불멸석가존
常住不滅釋迦尊

종종인연방편도
種種因緣方便道

여비구중만이천
與比丘衆萬二天

아야교진대가섭
阿若憍陳大迦葉

나제가섭사리불
那提迦葉舍利弗

아누루타겁빈나
阿尼樓馱劫賓那

필릉가바박구라
畢陵伽婆縛拘羅

보장보살약찬게
寶藏菩薩略纂偈

왕사성중기사굴
王舍城中耆闍窟

시방삼세일체불
十方三世一切佛

항전일승묘법륜
恒轉一乘妙法輪

누진자재아라한
漏盡自在阿羅漢

우루빈나급가야
優樓頻那及伽倻

대목건련가전연
大目犍連伽栴延

교범바제리바다
憍犯婆提離婆多

마하구치라난타
摩訶拘絺羅難陀

손타라여부루나 孫陀羅與富樓那	수보리자여아난 須菩提者與阿難
라후라등대비구 羅睺羅等大比丘	마하바사바제급 摩訶婆闍婆提及
라후라모야수다 羅睺羅母耶輸陀	비구니등이천인 比丘尼等二千人
마하살중팔만인 摩訶薩衆八萬人	문수사리관세음 文殊師利觀世音
득대세여상정진 得大勢與常精進	불휴식급보장사 不休息及寶掌士
약왕용시급보월 藥王勇施及寶月	월광만월대력인 月光滿月大力人
무량력여월삼계 無量力與越三界	발타바라미륵존 跋陀婆羅彌勒尊
보적도사제보살 寶積導師諸菩薩	석제환인월천자 釋提桓因月天子
보향보광사천왕 寶香寶光四天王	자재천자대자재 自在天子大自在
사바계주범천왕 娑婆界主梵天王	시기대범광명범 尸棄大梵光明梵
난타용왕발난타 難陀龍王跋難陀	사가라왕화수길 娑竭羅王和修吉
덕차아나바달다 德叉阿那婆達馱	마나사용우바라 摩那斯龍優婆羅

법긴나라묘법왕　　대법긴나지법왕
法緊那羅妙法王　　大法緊那持法王

악건달바악음왕　　미건달바미음왕
樂乾達婆樂音王　　美乾達婆美音王

바치가라건타왕　　비마질다라수라
婆稚佉羅乾陀王　　毘摩質多羅修羅

라후아수라왕등　　대덕가루대신왕
羅睺阿修羅王等　　大德迦樓大身王

대만가루여의왕　　위제희자아사세
大滿迦樓如意王　　韋提希子阿闍世

각여약간백천인　　불위설경무량의
各與若干百千人　　佛爲說經無量義

무량의처삼매중　　천우사화지육진
無量義處三昧中　　天雨四花地六震

사중팔부인비인　　급제소왕전륜왕
四衆八部人非人　　及諸小王轉輪王

제대중득미증유　　환희합장심관불
諸大衆得未曾有　　歡喜合掌心觀佛

불방미간백호광　　광조동방만팔천
佛放眉間白毫光　　光照東方萬八千

하지아비상아가　　중생제불급보살
下至阿鼻上阿迦　　衆生諸佛及菩薩

종종수행불설법　　열반기탑차실견
種種修行佛說法　　涅槃起塔此實見

대중의념미륵문 大衆疑念彌勒問	문수사리위결의 文殊師利爲決疑
아어과거견차서 我於過去見此瑞	즉설묘법여당지 卽說妙法汝當知
시유일월등명불 時有日月燈明佛	위설정법초중후 爲說正法初中後
순일무잡범행상 純一無雜梵行相	설응제연육도법 說應諦緣六度法
영득아뇩보리지 令得阿耨菩提智	여시이만개동명 如是二萬皆同名
최후팔자위법사 最後八子爲法師	시시육서개여시 是時六瑞皆如是
묘광보살구명존 妙光菩薩求名尊	문수미륵기이인 文殊彌勒豈異人
덕장견만대요설 德藏堅滿大樂說	지적상행무변행 智積上行無邊行
정행보살안립행 淨行菩薩安立行	상불경사숙왕화 常不輕士宿王華
일체중생희견인 一切衆生喜見人	묘음보살상행의 妙音菩薩上行意
장엄왕급화덕사 莊嚴王及華德士	무진의여지지인 無盡意與持地人
광조장엄약왕존 光照莊嚴藥王尊	약상보살보현존 藥上菩薩普賢尊

상주삼세시방불
常住三世十方佛

일월등명연등불
日月燈明燃燈佛

대통지승여래불
大通智勝如來佛

아촉불급수미정
阿閦佛及須彌頂

사자음불사자상
師子音佛師子相

허공주불상멸불
虛空住佛常滅佛

제상불여범상불
帝相佛與梵相佛

아미타불도고뇌
阿彌陀佛度苦惱

다마라불수미상
多摩羅佛須彌相

운자재불자재왕
雲自在佛自在王

괴포외불다보불
壞怖畏佛多寶佛

위음왕불일월등
威音王佛日月燈

운자재등정명덕
雲自在燈淨明德

정화숙왕운뢰음
淨華宿王雲雷音

운뢰음숙왕화지
雲雷音宿王華智

보위덕상왕여래
寶威德上王如來

여시제불제보살
如是諸佛諸菩薩

이금당래설묘법
已今當來說妙法

어차법회여시방
於此法會與十方

상수석가모니불
常隨釋迦牟尼佛

운집상종법회중
雲集相從法會中

점돈신자용녀등
漸頓身子龍女等

일우등주제수초
一雨等澍諸樹草

서품방편비유품
序品方便譬喻品

신해약초수기품 　　　화성유품오백제
信解藥草授記品 　　　化城喻品五百弟

수학무학인기품 　　　법사품여견보탑
授學無學人記品 　　　法師品與見寶塔

제바달다여지품 　　　안락행품종지용
提婆達多與持品 　　　安樂行品從地湧

여래수량분별공 　　　수희공덕법사공
如來壽量分別功 　　　隨喜功德法師功

상불경품신력품 　　　촉루약왕본사품
常不輕品神力品 　　　囑累藥王本事品

묘음관음보문품 　　　다라니품묘장엄
妙音觀音普門品 　　　陀羅尼品妙莊嚴

보현보살권발품 　　　이십팔품원만교
普賢菩薩勸發品 　　　二十八品圓滿教

시위일승묘법문 　　　지품별게개구족
是爲一乘妙法門 　　　支品別偈皆具足

독송수지신해인 　　　종불구생불의부
讀誦受持信解人 　　　從佛口生佛衣覆

보현보살래수호 　　　마귀제뇌개소제
普賢菩薩來守護 　　　魔鬼諸惱皆消除

불탐세간심의직 　　　유정억념유복덕
不貪世間心意直 　　　有正憶念有福德

망실구게영통리 　　　불구당예도량중
忘失句偈令通利 　　　不久當詣道場中

득대보리전법륜 시고견자여경불
得大菩提轉法輪 是故見者如敬佛

나무묘법연화경 영산회상불보살
南無妙法蓮華經 靈山會上佛菩薩

일승묘법연화경 보장보살약찬게
一乘妙法蓮華經 寶藏菩薩略纂偈

법화경약찬게
法華經略纂偈

실상묘법 연 화 경   보장보살 약 찬 게
오직하나 일불승의   실상묘법 연화경을
보장보살 간략하게   게송으로 찬탄하니
연꽃으로 잘꾸며진   화장장엄 세계바다
왕사성중 기사굴산   다른이름 영축산에

머무시어 열반않는   석가모니 부처님과
시방삼세 부처님께   지성으로 귀의하니
가지가지 인연들과   가지가지 방편도로
일승묘법 진리바퀴   영원토록 굴리소서

일만이천 비구대중   부처님과 함께하니
번뇌녹아 자재하고   공부마친 대아라한
오비구중 아야교진   두타제일 마하가섭

삼형제로 우루빈나　　가야가섭 나제가섭

부처님의 양대제자　　지혜제일 사리불과
신통제일 목건련이　　부처님을 시위하고
논의제일 가전연과　　지혜눈의 아누루타
천문학자 겁빈나와　　소신공양 교범바제

욕심없는 이바다와　　필릉가바 함께하고
무병장수 박구라와　　설득귀재 구치라와
이복동생 난타존자　　손타라와 부루나와
해공제일 수보리와　　다문제일 아난다와

밀행제일 라훌라등　　큰비구들 함께하고
마하파사 파제니는　　육천권속 함께하고
라훌라의 모친으로　　야수다라 비구니는
이천권속 함께하니　　모두합해 팔천이라

마하살중 팔만인은　　불퇴전의 보살이니

문수사리 지혜보살   관세음은 자비보살
큰세력의 득대세와   끈기있는 상정진과
쉼이없는 불휴식과   보장보살 함께하고

약왕보살 용시보살   보월보살 월광보살
만월보살 대력보살   법회중에 모여들고
큰힘가진 무량력과   무심행자 월삼계와
발타바라 보살이며   도솔천주 미륵보살

보적보살 도사보살   이와같은 이들이며
석제환인 그의권속   이만천자 함께하고
명월천자 보향천자   보광천자 사천왕이
일만권속 함께하며   자재천자 대자재천

삼만권속 함께하고   사바계주 범천왕인
시기대범 광명대범   일만이천 권속이라
여덟용왕 있었으니   난타용왕 발난타와

사갈라왕 화수길과　　덕차가와 아나바달

마나사왕 우발라로　　그들각기 백천권속
서로서로 이끌어서　　법화회상 모여들고
법긴나라 묘법긴나　　대법긴나 지법긴나
각기백천 권속으로　　삼삼오오 모여들며

악건달바 악음왕과　　미건달바 미음왕이
그들각기 백천권속　　손을잡고 모여들고
바치수라 거라수라　　비마질다 나후수라
이들사대 아수라왕　　백천권속 함께하며

대덕가루 대신가루　　대만가루 여의가루
이들사대 가루라왕　　백천권속 함께하고
위제희의 아들로서　　마갈타국 아사세왕
백천권속 이끌어서　　영산회상 모여드네

석가모니 부처님이　　무량의경 설하시려

무량의처 삼매중에   결가부좌 정에드니
만다라꽃 대만다라   만수사꽃 대만수사
하늘에서 꽃비오고   여섯가지 진동하고

사부대중 천룡팔부   사람인듯 아닌사람
작은나라 모든소왕   큰나라의 전륜왕과
모든대중 생각하니   전에없던 일인지라
기쁜마음 합장하고   부처님을 우러르네

석가모니 부처님이   미간백호 광명놓아
동방으로 일만팔천   너른세계 비추시되
아래로는 아비지옥   또한위로 아가니타
중생들과 부처님과   대승보살 마하살이

갖가지로 수행하고   성도하고 설법하고
열반하고 탑세우는   모든현상 보았어라
대중들이 의심하고   미륵보살 질문하니

문수사리 법왕자가　　　의심풀어 대답하되

내가과거 무량겁에　　　이런상서 있게되면
묘법설함 보았나니　　　그대들은 필히알라
그당시에 일월등명　　　부처님이 계셨으며
바른법을 설하시매　　　처음중간 마지막이

순일하여 섞임없고　　　깨끗한행 갖추오니
근기따라 사제십이　　　육바라밀 설하시어
아뇩보리 일체종지　　　모두얻게 하시나니
이와같이 이만부처　　　같은이름 일월등명

맨마지막 여덟왕자　　　모두법사 되었으니
그때에도 육종진동　　　모두그와 같았어라
묘광보살 구명존은　　　팔백명의 제자두니
문수보살 묘광이고　　　미륵보살 구명일세

덕장보살　견만보살　　대요설의　보살이며
지적보살　상행보살　　무변행의　보살이며
정행보살　안립행과　　크신보살　상불경과
미리내의　별들왕자　　수왕화의　보살이며

일체중생　희견인은　　최고가는　보살이고
묘음보살　상행의는　　다시없는　대승보살
장엄왕과　화덕보살　　묘음품의　보살이고
무진의와　지지보살　　보문품의　보살이라

광조장엄　약왕존과　　약상보살　보현존은
법화회상　그가운데　　없어서는　안될보살
시방삼세　부처님을　　항상함께　따르나니
일월등명　시작으로　　연등불로　이어지고

대통지승　여래불과　　아촉불과　수미정불
또한과거　부처로서　　중생들을　이끄시며

굵은음성 사자음불   위엄높은 사자상불
허공중에 머문부처   번뇌상멸 부처님과

제상불과 범상불과   극락정토 아미타불
세간고뇌 건져주는   도고뇌의 부처님과
전단향의 다마라불   으뜸신통 수미상불
구름처럼 걸림없는   운자재불 자재왕불

공포부순 괴포외불   갖은보배 다보불과
위음왕불 일월등명   무량겁전 부처님과
운자재등 부처님과   정명덕왕 부처님과
정화수왕 부처님과   운뇌음왕 부처님과

구름우레 벼락같은   별들지혜 수왕화지
값진보배 크신위엄   보위덕상 부처님등
이와같은 모든부처   모든보살 설법하니
이미설법 지금설법   장차설법 끝없어라

이법회에 모인대중　　시방세계 대중들이
석가모니 부처님을　　항상따라 배우고자
구름뫼듯 서로좇아　　법회중에 함께하고
사리불은 점법이고　　팔세용녀 돈법이나

같은비가 모든수초　　동등하게 내리듯이
모든중생 법화행자　　평등하게 이익얻네
이십팔품 열거하면　　서품방편 비유품과
신해약초 수기품은　　일이삼품 사오륙품

화성유품 오백제자　　수학무학 칠팔구품
열번째로 법사품과　　열한번째 견보탑품
열두번째 제바달다　　권지품은 열세번째
안락행품 종지용출　　십사십오 품이되고

여래수량 분별공덕　　십륙십칠 품이면서
수희공덕 법사공덕　　십팔십구 품일러라

스무번째　상불경품　　　스물하나　여래신력
촉루품은　이십이품　　　약왕본사　이십삼품

묘음보살　이십사품　　　관음보문　이십오품
이십육은　다라니품　　　이십칠은　묘장엄품
보현보살　권발품이　　　마무리를　장식하니
일곱권에　이십팔품　　　원만교설　아름답네

이것이곧　일승묘법　　　법화경의　법문으로
지품마다　게송들이　　　모두모두　구족하니
독송하고　수지하고　　　믿고이해　하는사람
말씀에서　출생하고　　　부처님이　덮어주며

보현보살　다가와서　　　그를수호　하여주고
마귀들의　괴롭힘은　　　한결같이　사라지고
세간사에　탐착않고　　　뜻과마음　올곧으며
올바르게　기억하면　　　그복덕이　한량없고

잊고있던 구절게송　　생생하게 떠오르고
머지않아 법화회상　　도량중에 나아가서
대보리를 얻게되고　　묘법륜을 굴리나니
그러므로 만나는자　　여불대접 공경하네

실상묘법 연화경의　　영산회상 불보살님
두손모아 마음모아　　지성귀의 하나이다
오직하나 일불승의　　실상묘법 연화경을
보장보살 게송으로　　이와같이 찬탄하네

법화경 약찬게 끝

자 비 관

모든 생명 있는 존재들이 안락하고 행복하며,
괴로움과 재난에서 벗어나기를 기원합니다.

모든 이들이 하고자 하는 일이
모두 이루어지기를 기원합니다.

모든 생명 있는 존재들이 해악(害惡)과 미워하는 마음,
근심과 슬픔에서 벗어나기를 기원합니다.

모든 이들이 진정한 행복과
마음의 평온을 즐기기를 기원합니다.

모든 생명 있는 존재들이 분노와 기만,
남을 해치려는 마음에서 벗어나서,
남에게 해를 끼치고 살해하는 일에는

티끌만큼도 마음을 기울이지 않기를 기원합니다.

모든 이들이 순수한 마음을 지니고
자애와 선행에 마음을 기울이기를 기원합니다.

모든 생명 있는 존재들이 남을 속이는 일과
야비한 마음씀을 삼가기를 기원합니다.

남을 헐뜯는 말, 거친 말, 위협하는 말,
화나게 하는 말, 빈 말,
쓸모없는 말을 하는 것을 삼가기를 기원합니다.

모든 이들이 진실되고 유익하며,
의미 있고, 사랑스러우며,
자애로움을 표현하는
듣기 좋은 말을 하기를 기원합니다.

모든 생명 있는 존재들이

다른 이의 재산을 훔치는 일,
남의 행복을 파괴하는 일,
잘못된 생각을 지니는 일을 삼가기를 기원합니다.

모든 이들이 잘못된 생각, 탐욕,
성내는 일에서 벗어나
모두 함께 평화롭기를 기원합니다.

모든 생명 있는 존재들이
풍요로우면서도 남에게 베푸는 일에 솔선하고
재일[齋日]과 계율을 잘 지키며,
자신의 행위를 올바르게 제어하기를 기원합니다.

모든 이들이 마음집중[定]과 지혜[慧]를 닦아,
마음이 평화롭고, 심신이 건강하며,
행복하기를 기원합니다.

모든 기원이 성취되기를 간절히 발원합니다.

자비발원

제가 부처님의 가르침을 실천 수행하는 것으로써
부처님께 예경 올림을 대신합니다.

제가 부처님의 가르침을 실천 수행하는 것으로써
담마[법]에 예경 올림을 대신합니다.

제가 부처님의 가르침을 실천 수행하는 것으로써
승가에 예경 올림을 대신합니다.

제가 부처님의 가르침을 실천 수행하는 것으로써
늙음과 죽음으로부터 벗어나기를 기원합니다.

저의 베풂으로
모든 번뇌로부터 벗어나기를 기원합니다.

저의 계행 공덕으로
열반을 성취하기를 기원합니다.

저의 이 같은 선정 수행 공덕으로 도의 진리와
과果의 진리를 성취하기를 기원하나이다.

저의 이 같은 수행공덕을
일체 중생들에게 회향하나이다.

일체중생들이
모든 원한심으로부터 벗어나기를 기원합니다.

일체중생들이
모든 악심으로부터 벗어나기를 기원합니다.

일체중생들이
모든 두려움 없기를 기원합니다.

일체중생들이
모든 고통으로부터 벗어나기를 기원합니다.

일체중생들이
모든 탐욕심으로부터 벗어나기를 기원합니다.

일체중생들이
모든 성냄으로부터 벗어나기를 기원합니다.

일체중생들이
모든 어리석음으로부터 벗어나기를 기원합니다.

일체중생들이
모든 질병으로부터 벗어나기를 기원합니다.

일체중생들이
항상 행복하고 평안하기 기원합니다.

제가 지은 공덕의 힘으로
열반을 성취할 때까지
절대로 삿되고 어리석은 길 따르지 않고
올바르고 지혜로운 길 따르겠나이다.

석혜능 스님

불심도문스님을 은법사로 출가한 뒤 '日藏'이라고 수법건당하였고, 무봉석성우 대율사로부터 '古天'이라는 법호로 용성진종·자운성우 대율사로 전해진 戒脈을 받았다. 동국대학교에서 불교학을, 일본 진언종 근본도량에서 밀교학을 수학하였으며, 해인사 해인총림율원과 파계사 영산율원에서 다년간 율학을 연찬하였다.
현재 해인총림율원 율원장, 한국역경학회(Maha Kasyapa Society) 회장.

역편: 《반야이취경 강해》 《묘법연화경》 《사미학처―사미계》 《교계신학비구행호율의》 《대비구삼천위의》 《승갈마》 《범망경보살계본사기》 《원시불교의 연구》 《비구계의 연구 I·II》 《재가불자를 위한 계율강좌》 《싱갈라를 가르치다―육방예경》 《자비수참과 법화참회》 등.

백팔참회문(百八懺悔文)

인쇄일: 2004년(불기 2548) 7월 16일 □ 발행일: 2004년(불기 2548) 7월 22일 □ 엮은이: 석혜능 □ 펴낸곳: 도서출판 하늘북 □ 표지디자인: design Vita □ 본문디자인: 법등심 □ 제작: 이규헌 □ 등록: 1999년 11월 1일(등록번호 제 300-2003-138) □ 주소: 서울 종로구 인사동 11번지 □ 전화: 02-722-7484 □ 전송: 02-730-2484 □ 홈페이지: http://www.hanulbook.com □ 커뮤니티: http://www.lotuskorea.net □ ISBN 89-90883-07-5 03220 □ 값: 5,000원
□ 구좌번호 396-05-013388(신한은행, 예금주 도서출판 하늘북)